AF229956

In 20751

LE CODICILE

DE MONSIEUR

DE VOLTAIRE,

Trouvé dans ses Papiers après son décès.

A GENEVE.

M. DCC. LXII.

LE

CODICILE

DE MONSIEUR

DE VOLTAIRE,

Trouve' dans ses Papiers après son décès.

Au Nom de Dieu.

JE prie M. l'Avocat Saurin de vouloir bien se charger de l'exécution de mon Testament, ainsi que du présent Codicile, & ce à cause

A

de l'amitié qu'il m'a témoigné en plusieurs occasions, notamment en faisant des Tragédies qui n'ont pas eu grand succès; comme il n'est pas fort occupé dans son état, j'espere qu'il prendra plus volontiers cette peine.

J'ai dit que l'on évite le faste & l'éclat dans mes funérailles, parce qu'on ne parle presque plus de *Menage*, qui a été enterré si pompeusement.

On aura soin de réciter pendant la marche du Convoi, quelques Chants de ma Pucelle, ou mon Epître à Uranie, pour me servir de passe-port dans l'autre monde.

Je souhaite que M. d'Alembert fasse mon Epitaphe, parce qu'il est bon Géomettre.

Je prie M. l'Abbé Nollet d'é-

claircir ma Traduction de Newton;
car je ne la comprends pas.

Il eſt des perſonnes qui ſoutien-
nent que le Tragique eſt mon vrai
genre, & que j'aurois dû m'y fixer
pour pouvoir ſurpaſſer Corneille &
Racine : où en ſerois-je, ſi j'euſſe eu
cette foibleſſe, puiſqu'on fait maintenant plus de cas d'un Opera Co-
mique que d'une bonne Tragédie?
Comme pour plaire à mon ſiécle &
m'en voir encenſé, j'ai toujours ſuivi
exactement ſon goût quel qu'il fût :
Je prie M. Favart ou M. Quetant,
de mettre ma Zaïre en chanſon,
parce que c'eſt celle de mes Pièces
dont le ſtyle eſt le plus propre à la
muſique.

Je veux qu'on rende à M. le Franc
ſon canevas d'Alzire, à condition

qu'il rendra à l'Abbé Metaſtaze ſa Didon.

Je légue à l'Académie Françoiſe 10000 livres, qui ſerviront à fonder un prix pour la Géometrie, à condition que les Sieurs de Crébillon & de Marivaux jugeront du mérite des ouvrages.

Je légue à mes amis les Encyclopédiſtes, l'article de ma vie.

Je légue à ceux qui prennent mon parti avec plus de chaleur, 5000 liv. de rente perpétuelle, à partager entr'eux, pour les engager à perſiſter dans leurs bons & louables ſentimens, ſubſtituant ledit legs à leurs deſcendans juſqu'à l'infini.

Je légue à Meſſieurs les Comédiens François 30000 livres, à condition qu'ils remettront mon Arté mire sur le Théâtre : je suis bon père & j'aime tous mes enfans également ; d'ailleurs n'y ont-ils pas remis Oreste & Rome Sauvée ?

Je légue une somme de 80000 liv. pour fournir à la nourriture & entretien des Auteurs qui se trouveront dans l'indigence ; mais à condition qu'ils ne seront que médiocres.

Je légue à M. Daquin, qui remplit très-bien la place qu'il occupe, mais…. une somme de 10000 liv. à condition qu'après ma mort il fera mon Apologie.

Faisons maintenant du bien en détail, & à chacun selon ses besoins.

Je légue à M. de Marmontel mon Elève (ce titre seul suffit pour le rendre cher à ma mémoire) l'intérêt que j'ai sçû mettre dans mes

Pièces tragiques ; à cela près les siennes sont bonnes : on peut aussi dire à sa louange, qu'il nous en conte assez joliment sur les mœurs, & qu'un des badins du siécle, n'a pas laissé que de mettre à profit sa morale.

Je légue à M. de la Chaussée, qui a fait des Comédies pour pleurer, & des Tragédies pour rire, mon attachement scrupuleux aux mœurs & usages de mon pays, attendu que je trouve sa Méthode un peu Japonnoise.

Je légue à M. Colardeau ma science & mon habileté à conduire une Pièce drammatique : au reste, il versifie bien, & traduit élégamment une Epître d'Ovide.

Je légue à M. Lemierre ma ver-

fification : fa profe d'ailleurs eft bonne, & il exécute bien un deffein
d'après l'Abbé Prevôt.

N'aurois-je point dû charitable-
ment commencer par faire quelques
libéralités à Jean-Jacques Rouffeau
mon ami ? Que dis-je ! en a-t'il befoin ? Il fçait faire des Opera Co-
miques & des Romans licentieux;
c'eft le chemin de la fortune, qu'il
le fuive : il eft à Paris & je fuis à
Genêve ; pourquoi faut-il que les
plus grands Auteurs de ce fiécle ne
puiffent pas mourir dans leur Patrie ?
Doucement, je fais allufion à un
autre Rouffeau non moins célebre
que celui d'aujourd'hui : du tems
qu'il vivoit, nous n'étions pas amis,
s'il m'en fouvient, oui ; mais nous
nous fommes réconciliés quelques

A iiij

momens avant fa mort, parce que
je ne le craignois plus , & que lui il
craignoit d'aller à tous les diables.

Puifqu'à revoir Paris je ne dois plus prétendre ;
Que moi-même au tombeau je fuis prêt à defcen-
dre ,

Je crois que je ne ferai pas mal de
me réconcilier de la même maniere
avec ceux que j'ai défigné fi fine-
ment & fi légerement dans mon
Pauvre Diable ; je ne puis m'empê-
cher de rendre juftice à leur mérite,
& bien plus , je veux qu'ils ayent ,
eux ou les leurs , part à mes lar-
geffes.

M. Le Franc rend parfaitement
bien les idées d'autrui ; je lui légue
ma dextérité à prendre.

M. l'Abbé Trublet a une mémoire
excellente ; je lui légue ma facilité à
imaginer.

M. Greffet eft devenu fort fage, & ne fait plus le méchant depuis qu'il eft marié ; je lui légue un peu de ma bile.

M. Freron tire un gros gain de fes Feuilles périodiques, & bien des defœuvrés les lifent une fois pour la fomme de deux fols.

Je légue à Madame fon Epoufe deux douzaines de mouchoirs blancs pour effuyer les larmes qui couleront de fes beaux yeux, aux repréfentations de l'Ecoffoife.

M. l'Abbé Coyer ne raifonne que rarement & avec peine dans fes Ecrits : je lui légue un peu de bon fens pour faire une phrafe.

Le bienheureux Chaumeix eft l'homme de fon tems qui à le plus de talens pour faire des contorfions ;

je lui légue un cent de gros cloux
pour se faire crucifier, quand il le
jugera à propos.

Enfin La Beaumelle (Ciel! quand
je prononce son nom, tout mon
sang bout dans mes veines) a du ta-
lent, lorsqu'il s'opiniâtre à décrier
quelqu'un par des libelles; je le sçai
par expérience, & s'il tient sa parole,
il s'ôtera la vie au moment que je
perdrai la mienne; car il a juré de
me poursuivre jusques dans les En-
fers, où je souhaite le voir un jour.

Il ne me reste plus que des ré-
flexions à faire.

Par quelle fatalité du sort les
deux Poëmes les plus sublimes que
nous ayons, ont-ils été si peu esti-
més pendant la vie de leurs Auteurs?
Eh ! Messieurs mes compatriotes,

de grace, n'exaltez pas tant ma Henriade, je suis trop heureux ! Je veux, à l'exemple du Tyran de Samos, jetter ce diamant précieux au fond du Fleuve Lethé : mais non, je n'en ferai rien ; peut-être ne s'y trouveroit-il pas quelque poisson charitable qui voulût bien me le rapporter.

Avant de finir, il faut que je donne un conseil aux Auteurs froids, & surtout au Sieur Le Franc ; je crois qu'il ne leur sera pas inutile. J'ai toute ma vie pris beaucoup de caffé & de chocolat, & bû force vin de liqueurs ; ce n'étoit pas sans raison, je sentois que leur usage donnoit à mon imagination plus de feu qu'elle n'en avoit ; cependant Homere & Virgile n'en prenoient point, com-

ment faifoient-ils donc ? Ah !.... à
mais leurs Poëmes ne valent pas le
mien ; j'ai pareillement ufé de cette
méthode en écrivant l'Hiftoire & le
Roman, l'un & l'autre font la même
chofe pour moi ; mais non pas en
traitant des matieres philofophi-
ques, cette étude a befoin d'un ef-
prit plus tranquille, je laiffois agir
la nature.

L'invention eft excellente ; je
confeille donc à M. d'Alembert &
à M. l'Abbé d'Olivet d'y recourir,
lorfqu'ils décerneront le prix de
l'Ode : pour M. Le Franc & fes
confreres, ils n'ont pas d'autre parti
à prendre. S'ils veulent m'en croire,
leurs ouvrages acquerreront par-là
cette chaleur vivifiante qui leur
manque, & qui feule peut les con-

duire à l'immortalité que je leur souhaite, ainsi qu'aux miens. Amen.

Je révoque dans mon Teſtament toutes les diſpoſitions qui ont quelque rapport avec celles du préſent Codicile, voulant que celles - ci ſoient ſeules ſuivies & exécutées. Je ne ſçai comment cela s'eſt fait, mais ce Teſtament tient un peu de la vieille méthode ; n'importe, je conſens qu'il ſubſiſte quant au reſte.

F I N.